見えない壁をこえて
―視覚障害者の自立を目ざした高橋豊治の物語

タケシタナカ／文　タカハシコウコ／絵

高橋知子／取材・原案

東京のJR山手線高田馬場駅からほど近いところに「桜雲会」という社会福祉法人があります。

明治25（1892）年、視覚障害者の自立をめざすという目的の下に、

「東京盲学校」の同窓会として創設された団体です。

ところが、昭和30年代に閉鎖の危機に追い込まれます。

その際、私財を投げうち、運営を引き受け、苦難を乗り越えて今に至るまでにした人物がいました。

この本の主人公、高橋豊治です。

点字の本で独学する、少年時代の高橋豊治。

　高橋豊治は、明治27（1894）年の冬、
栃木県上都賀郡鹿沼町大鹿沼に平八とその妻トクのあいだに生まれました。
　鹿沼は、栃木県の中西部にある宇都宮市と日光市に隣接する、江戸時代から続く宿場町です。
　そこには箪笥、寄木細工などの職人がたくさん住んでいました。
　箪笥職人だった平八は、豊治が生まれたころは独立して箪笥屋をはじめたばかりで、
苦しい生活を強いられていました。
　毎日の食べ物にも事欠く生活。豊治は栄養失調となり、抵抗力が弱まり、
3歳の春に疫病にかかってしまいました。
　高熱が出て首筋や顔に発疹が出はじめ、2日後には全身に広がりました。麻疹です。

- -

生まれたばかりの豊治を抱いたトクと、大工姿の平八が、貧しくとも幸せそうに微笑みあっているようす。

高熱は3〜4日続きましたが、幸いなことに、まもなく回復しはじめます。

　ところが、目覚めた幼い豊治は「かあちゃん、かあちゃん」と、大騒ぎ。

　トクが抱き上げても手足をバタつかせてあばれまくりました。

　熱はすっかり下がっているのに。

「大丈夫、もうなんでもないよー」

　と言ってトクがやさしく抱きしめると、泣きつかれて眠ってしまうのでした。

　翌朝、豊治がとった行動は、おかしなものでした。ぼーっと天井を見上げたり、周りをきょろきょろ見渡したり。起き上がったとたん、つまずいて転倒！

　また歩きだしても、両手を前に出して辺りをさぐるような様子で、すり足です。

「豊治、どうしたのかしら？」と、トク。

「高熱で、頭がへんに‥‥‥なったのか〜？」と、平八。今なら幼い子どもが麻疹にかかると、角膜瘢痕やビタミンA欠乏症から失明につながる状況もあることが知られています。

　でも、平八もトクも、知るわけがありません。ましてや、3歳になったばかりの豊治が「目が見えない」などと、自分の言葉で言うことはありませんでした。

部屋のすみに座りこみ、ぼーっとして壁によりかかっている豊治。

3

「豊治、目が見えねぇのか？　大丈夫け〜？　かあちゃんの顔わからんの？」

　と、トクは何度も何度もたずねるのですが……。

　わんぱくだった豊治は、目が見えない不安からか、恐ろしさからか、大騒ぎをしては疲れ果てて寝てしまうのでした。

　食べ物もほとんど口にしないといった日が続きました。

　あるとき、太陽の光が豊治の顔に射しこんでいました。すると、豊治はまぶしいらしく、ふすまに目を押しつけたのです。

　それを見ていたトクは、なんとしても豊治の目を治したいという気持ちにかられました。

　平八と相談して何軒もの眼科医をまわりましたが、医者に診てもらうのにもお金がかかります。

　お金をつくるため、平八は寝る間も惜しんで死にものぐるいで働きました。

わけもわからず泣きさけぶ豊治に、なにをしてよいかわからず、おろおろする母親のトク。

　ひと月が過ぎたある日のこと、今度こそはと期待を胸に、大きな病院にいきました。

　ところが、そこで言われたのは、「この子の目は治らない、あきらめなさい」だったのです。

　豊治は、しだいに目の見えない生活になれてきたのでしょう。不安や怖さで大騒ぎすることは
少なくなってきました。

　しかし、わんぱく豊治はいなくなり、ほとんど言葉を話さず、暗い部屋にこもりきりでした。

　それでも、豊治の目を治したいというトクと平八の気持ちは変わりません。豊治の目が見えなくなったのは
自分たちのせいだと、自責の念は深まるばかり。医者を探すとともに、必死に箪笥づくりをしていました。

　そんなときでした。東京の大学病院の先生が診てくれることになったのは。

　箪笥屋の収入は少しずつ安定してきて、余裕も出てきました。そこで、
夫婦で豊治を連れて上京することにしたのです。

　白衣の若い先生の前で緊張していた二人が聞いた言葉は、こうでした。

「この目は治らない。病院通いを続けていてもこの子のためにはならない。
今は体を丈夫にすることを考えてください」

東京の大学病院で先生から診察を受ける豊治。先生からの診断を緊張した面持ちで聞いている平八とトク。

　ある日、豊治のことを知ったという、近くの教会の神父さんが家にやってきました。
「目が見えなくても心の目が開かれる。この子は神様に見込まれた子なのです。
過去のことを悲しむより、これからのことを考えましょう」と。
　何度も神父さんの話を聞くうちに、トクも平八も心がだんだん穏やかになっていくのを感じました。
　その後も神父さんの言葉を思い出し、二人はしだいに、
豊治の目が見えなくなったのには、何か意味があるのだと思うようになってきました。
　いつしか平八は、毎週日曜日には店を休み、教会の礼拝に通うようになっていたのです。

教会の神父さんから聖書を受け取り、喜ぶトク。平八も、神父さんの話に神妙な顔でうなづいている。

目の見えない人にとって、手が目の役割をするというのは、本当なのかもしれません。あれから豊治は、あらゆるものに手でふれるようになりました。畳、柱、ふすま、引き戸、自分の身の周りのあらゆるものを触っていきます。

　トクは、豊治が触ったものが何なのか、一つひとつ確認するように教えこんでいきます。

　そうこうしているうちに、豊治は日常生活では、どこに何があるのかがわかるようになりました。

　一人でも歩けるようになっていったのです。

　そうした暮らしのある日、平八がもらってきたドジョウの蒲焼を豊治に食べさせたことがありました。すると、豊治が元気になったのです。

　ドジョウの栄養がどれほどのものかはわかりませんが、実際、わんぱくな豊治がもどってきたのです。

ねこにふれたり、ドジョウにさわったりしている豊治。手の感触のちがいによって、豊治の表情にも変化があらわれている。

　近所のロクちゃんやキンちゃんが、豊治を外に連れていってくれるようになりました。原っぱで追いかけっこをしたり、かくれんぼをしたり、毎日外で遊びまわったのです。

　豊治は、自分の目が見えないことを、まったく気にしなくなりました。よその家の柿の実をとって、おばさんに追いかけられたり、神社のお供えを食べてしまったり……。いたずらの計画を立てるのは、いつも豊治でした。

　ある時、ひどいいたずらをした豊治はトクに叱られ、真っ暗な蔵のなかに閉じ込められたことがありました。

　暗やみが怖くなくなっていた豊治は、トクを驚かせてやろうと長持ちのなかに隠れたのです。

　豊治にとって、真っ暗な蔵は、むしろ心地よかったのかもしれません。そのまま、
ぐっすり眠ってしまいました。トクは豊治がいないので、大あわて。近所の人に声をかけて、
一緒にさがしまわりました。夜になっても見つかりません。
　一晩中さがしまわっていたトクの耳に聞こえてきたのが、「開けて〜」という豊治の声でした。あたりは
すっかり明るくなっていました。平八もこのときばかりは、豊治を大声で叱りつけました。
　こうした親子の様子からは、豊治が目が見えないなどとは、まったくわかりませんでした。

神社の境内で、ロクちゃんやキンちゃんなど近所の友だちと相撲をして遊ぶ豊治。

小学校に入る年になりました。

「おらんところに役場から入学通知が来たぞ。お前は？」と、ロクちゃんが言うと、キンちゃんも「来た、来た」。

「おらは、見とらん」と言った豊治は、家に帰ると平八に聞きました。

「来てないな〜、きっと役場で忘れているのだろうから、聞いてておく」と。

それから毎日のように豊治は「聞いてくれたんか？」と聞くのですが、そのたびに平八は、今日は用事があったから、お客さんが来たから、仕事がいそがしかったから……と。

とうとう豊治は「父ちゃんが聞かないなら、おらが聞く」と言いだしました。

平八はしかたなく、こう話すしかありませんでした。

「豊治、ここにすわってよ〜く聞け。入学の通知が来ないのは、お前の目が見えないからなんだ」

豊治は、立ち上がって強い口調で言いました。両手は拳をにぎりしめていました。

「目が見えねえと、学校にいけんのけー？」

「そうだ」

「なんでや？ おれは、けんかをしてもだれにも負けん。かけっこをしてもおれが一番だ。なんで学校いけねえ？」

「豊治、まあ、すわれや」

ふすまのかげでは、トクが心配そうに二人の様子をうかがっていました。いまにも飛び出しそうに。

「お前には、力がある。相撲をとっても、けんかをしても勝つことができる力だ！」

「どういうことかわからん。力って、何なんか」
　平八は、豊治の両肩をつかんで自分に引きよせるようにして言いました。
「それはな、〈勘〉の力だ。〈勘〉というのはな、お前がかけくらべをするときに一番になれる力だ。
目が見えなくても、一人で生きていけるようにしてくれる力なんだ」

入学通知が来ないことを豊治に伝える平八。拳をにぎりしめて理由を聞く豊治に、平八の目から思わず涙がこぼれでる。

　４月になって、ロクちゃんやキンちゃん、
そして近所のみんなも学校に通いはじめました。
　豊治は一人になってしまいました。
　みんなが学校にいっているあいだは、一人でふらふらするしかありません。原っぱ、
林、畑、ただただ歩きまわっていました。
　みんなのいる学校に、自分もいきたい気持ちがだんだん強まってきます。
　いつしか学校の校門の前で、みんなを待つようになりました。
　トクは、そんな豊治が愛おしくてしかたありません。なんとかしたいと、教会の神父さんに相談しました。
　神父さんはこう言いました。
「それなら豊治を教会にお連れなさい」

小学校の校門の前で、友だちが下校してくるのを待つ豊治。ひとりぼっちで立っている。

　豊治は、トクのつくった弁当を持って、毎日教会に通うようになりました。教会は
お香のような香りがして、とても静かです。

　神父さんは、いつもあたたかく豊治をむかえてくれます。

　豊治の聞いたことのないお話をたくさん話してくれます。

　そのお話のなかには、目の見えない人の話もありました。豊治は、神父さんのおだやかな語り口調にいつも
心が安まります。豊治は、聖書のマタイ伝やヨハネ伝などの福音書を、何度も聞いているうちに
覚えてしまいました。豊治にとって教会が学校であり、神父さんが先生だったのです。

　神父さんが話してくれた「たとえ明日の食べ物に困ると思っても神さまは自分を必要とするうちは
必ず与えてくださる」という教えは、豊治を生涯支えてくれるものになっていきました。

　こうして豊治は、7歳から9歳までその教会に通いつづけました。

教会で神父さんと話をする豊治。うれしそうな豊治の表情に、神父さんの顔もほころぶ。

　豊治が教会に通うようになったころ、トクは「お前は一人で生きていかなければならない。
手に技術をつけなさい」と、事あるごとに豊治に話していました。
　そのころの豊治といえば、「おれは箪笥屋になるんだ」と言っていました。
豊治なりに平八の仕事を見ていて〈父ちゃんの仕事をやるんだ〉という気持ちになっていたようです。
　ところが、トクと平八は、豊治には、鍼の道に進むのがよいのではないかと話しあっていました。
家業を継ぐより、鍼のほうがよいと考えた理由はわかっていませんが、
ある日、トクは、「おいしいものを食べさせてあげる」と言って、
豊治を大沢としさんというあんまの先生の家に連れていったのです。
　としさんがやさしい声で「ちょっと肩を触ってみぃー」と言うので、豊治はやってみました。
すると、としさんは「うまいじゃないの」と言って、大きなおまんじゅうをくれたのです。
　それがきっかけとなり、豊治はあんまを学ぶことになりました。

あんまの先生、としさんの肩をもむ豊治。豊治の表情は真剣そのもの。としさんは、気持ちよさそう。

14

　豊治は、小さいころから手先がとても器用でした。そのため、
トクは豊治に鍼の道をすすめたのかもしれません。
　いや、平八が独立して箪笥屋をはじめたばかりのころ、
貧乏で食べ物もなく、豊治を栄養失調にしてしまい、
そのせいで豊治は目が見えなくなってしまった……。
　だから、そんな箪笥屋を豊治に継がせるのはしのびなく、
それより、あんまや鍼のほうが安定している……、と。
　豊治が鍼を習うことになったのは、
殿さまのお抱え鍼医だった先生です。
　日光東照宮の参拝のおりに殿さまが病気になったため、
その先生が鹿沼に滞在していたときのこと。
　トクは神父さんにお願いして、
その先生に豊治のことを頼んでもらったのです。
　こうして豊治は、10歳になるまでには
あんまと鍼をはじめていたのでした。

木の下にすわり、点字の本を読んで勉学に励む豊治。たのしそうな表情をしている。

　当時、豊治は、あんまを習い、また、鍼の手ほどきも受けるといった、
10歳そこそこの子どもとしては、とてもいそがしい生活をしていました。

　そんななか、教会にいっているときだけは落ち着くことができました。それでも、
友だちといっしょにいるときは、あいかわらずのわんぱくぶりも健在です。
町で何か問題がおこると、その中心には、かならず豊治がいたのです。

　12歳の春のことでした。友だちと山にいき、豊治一人がはぐれてしまいました。

　その理由は、目が見えないからではありませんでした。いたずらをしようとしたからです。
近所の人たちや、このときは消防団までが動員される大捜索でした。二日間も見つかりませんでしたが、
三日目の朝、豊治は自力で、捜索隊の前にあらわれました。

　この事件のあと、町中をさわがせてしまったことについて、トクは神父さんに相談しました。

　すると神父さんは、いつものように豊治の気持ちによりそって、
宇都宮の盲学校に入ることをすすめてくれたのです。

　ところが、このときの豊治は、
「いきたくない。家にいたい」と、いつになくわがままを言ったのでした。

　でも、神父さんのやさしい口調は少しもかわらず、
盲学校へいくように豊治を説得するのでもありませんでした。

　豊治は宇都宮にいくことを決めました。

夜の暗闇のなか、豊治をさがす平八とトク、消防団など捜索隊の面めん。

いよいよ宇都宮での生活がはじまりました。

あんまを家業とする石塚先生の治療院（鍼灸道場）に住み込んで通学するという生活です。

石塚先生の家では、あんまの修行のほかに、掃除や洗濯、それ以外のお手伝いをするなど、いそがしくすごしていました。

一方、年齢も境遇もさまざまな人たちがきている盲学校では、豊治は、はじめのうちは話す相手もなく、教室のすみでただ時間がすぎるのを待つ日々。〈家にもどりたい〉といつも思っていました。

そんなある日、道場に「他流試合」が挑まれたのです。それは、鍼灸に関する知識を競い合うというもの。当主が負ければ、他流試合の相手を泊めてご馳走をするといった風習でした。試合は対抗戦です。兄弟子たちが次々に負け、もう後がなくなりました。最後は主人である石塚先生が出ることに。

そのとき、部屋のはしにいた豊治が「オレが出る」と強引に前へ出ていきました。

相手は、「お前か？」と、おもしろがって言いました。敵ばかりでなく味方からも、豊治は勝てるわけがないと思われました。

ところがところが、相手の出した問題に豊治はすらすら答えたのです。

そして、今度は豊治が問題を出す番となりました。

「杉山検校の著した本は何か？」「杉山検校の三部書とは？」「三部書の内容は？」と。

すると、相手は「もういい」と、はきすてて、すごすごと荷物をまとめて帰っていったのです。

豊治は、これも〈勘〉の力だ。

父ちゃんが言っていた、一人で生きていけるようにしてくれる〈勘〉の力なのかと感じていました。

問答をおこなう豊治と３人の相手。豊治の勉学の深さにおどろき、目を白黒させる試合相手。

17

　こうして、道場で頭角を表してから
しばらくしたころ、突然、豊治は石塚先生から
「今日から流しに出ろ」と言われました。
「流し」とは、町を歩いてお客さんを見つけて、
あんまをすることです。
「流し」は一人でするため、
大人でも心細いものだといいます。
　豊治は、そのときはまだ14歳でしたから、
なおさらでした。
「流しなんて、まだ早いだろ～」と、
心のなかで不平を言いながらも、
呼び笛を吹きながら町に出ていきました。
　ところが、声が出ません。
「上下百文」と言おうとしても、
はずかしくて声に出せないのです。
　呼び笛ばかりを吹きつづけていました。
「上下百文」とは、流しをするときにかける
「かけ声」のことです。
「上下」とは、からだの上下、
すなわち全身のことで、あんまを全身にほどこす
料金が百文（約3000円）だという意味です。

　そんな豊治に声をかけてくれた人がいました。
　それは砂糖問屋の家からのやさしい声でした。
「あんまさん、うちの旦那さんと奥さんに
あんまをしておくれ」と、
その家の下働きらしい若い女の人の声。
　豊治は、逃げだしたくなりました。
　はじめてのあんまだったからなのか、
それとも、あまりに若い女の人の声
だったからなのでしょうか。
　豊治のはじめての流しのお客さんでした。
　その後、その家からは何度もよばれることになりました。
　豊治の一生懸命さが気に入られたからでもあり、
豊治のあんまの技術が認められたからでもありました。
　間もなく、豊治の流しには、
ごひいきさんが増え、
生活はいそがしくなっていきました。
　このことからいえば、
トクと平八が豊治に箪笥屋を継がせずに、
あんまをやるように仕向けたのは、
よかったことになります。

はじめての「流し」で、おそるおそるかけ声を出す豊治。その声をききつけて、若い女の人が木戸から声をかけている。

　宇都宮にやってきて、早くも４年がすぎていました。
　そのころ豊治は、「東京の盲学校に入りたい」
と考えるようになっていました。
　そして、思いはどんどんつのり、その春にはとうとう宇都宮を出て
東京にいくことを決心。実家に帰り、トクの財布からこっそりお金を取りだし、
列車の切符を買ったのです。
　豊治は、鹿沼では有名でした。東京までの切符を買うと、行き先がわかってしまいます。
そのため、豊治はとなり駅までの切符を買いました。
　そんな悪知恵の働く豊治でしたが、
まだ子ども。東京までの汽車賃がいくらなのかは知らず、お金が足りなくて、
しかたなく大宮までの切符を買い、夕方、列車に乗りこみました。

　大宮駅で下車したその夜は、駅に泊まりました。そして翌朝、東京に向かって歩きだしました。
　ところが、昨日から何も食べていなかった豊治は、なんとか食べ物にありつこうと、
見知らぬ家の軒先に立って声をかけようとしました。
　でも、声が出ません。流しのはじめての日が思い出されました。
　しかも、このときは、ただただ食べ物をめぐんでもらおうとしていたので、
うまくいくはずもありませんでした。
　水を飲もうと、川におりたときでした。そこには、
かごに入った野菜が冷やしてあるではありませんか。
　豊治は、にんじんを手に取って夢中で食べてしまいました。
　大宮から東京までの道のりは途方もなく長いものでしたが、
たびたび道をたずねながら、どうにかこうにか
東京の雑司ヶ谷にある盲学校にたどり着くことができました。

列車で途中下車し、豊治は東京をめざして歩きつづける。その顔には、強い決心があらわれている。

　その日は日曜日。盲学校の門は閉まっていました。
　東京にいけばなんとかなると、勢いだけでやってきた豊治でしたが、
いざ盲学校の門の前となると、ただ立ちすくむほかありませんでした。
　そうしていても、お腹がすくばかりと思って、豊治がとった行動は、呼び笛を吹くことでした。
そして「上下百文」とさけぶことでした。これなら、宇都宮の流しでさんざんやってきたことなので、
ためらいもなくできたのです。なんとしても、食べ物にありつきたくて……。
「お前はだれだ！　だれに許可をとっておれの縄張りでやっているんだ」
　と、すごみのあるこわい声。豊治は、その声がするほうに向かって、必死に説明を試みました。
「盲学校に入るため家出をして、栃木県から来ました。お金がなくて、大宮から歩いてきたんです。
食べ物もなく、2日間、にんじんしか食べていないんです」
「一人できたのか？　大胆なやつだな」
　と言いながら、その声の主は豊治を自分の家に連れていきました。
　その人は、その辺りを仕切っている「あんまの親方」でした。親方は豊治に食べ物を与えながら、
いろいろと聞いてくれました。
　よほど豊治が気に入ったのか、あるいは、豊治の〈勘〉の力がなせる技だったのでしょうか。
　このときも、平八の言った「一人で生きていけるようにしてくれる力」が、
親方との出会いをよびよせたのでした。

閉まっている盲学校の門の前で出会った、豊治と親方。

豊治は、親方の家にしばらく世話になっていました。そして、親方の紹介により、東京盲学校普通科の２年生に編入することができたのです。

あこがれの東京生活のはじまりです。

　どんな生活だったかといえば、昼間は学校で盲人教育を受け、授業が終わると、急いで親方の家に帰って、夕食を食べてからあんまの流し。

　そう、親方の家に下宿させてもらって、盲学校に通っていたのです。

　流しは、雨が降っても、どんなに眠たくても、毎日欠かしませんでした。豊治の親方に対する感謝の気持ちがそうさせていたのです。

　親方は豊治をいつも見守ってくれていました。

　ところが４年生をすぎたころ、親方が突然亡くなったのです。

　豊治は家を出ていかなければならなくなりましたが、豊治には、不思議と助けてくれる人があらわれるのです。

　親方に世話になっていたという人の家に、盲学校を卒業するまで下宿することができました。

親方の家で夕食を食べる豊治。お茶碗には山盛りのごはんが盛られている。親方は、お茶をすすりながら、豊治がごはんを食べ終えるのを待っている。

　東京盲学校普通科での豊治の成績は、とても優秀でした。

そのことは14歳のときの「他流試合」からわかるはずです。

　明治43（1910）年春には、東京教育大学の附属学校のひとつ、国立東京盲学校の試験を受け、合格。

　その学校は、それまで「東京盲唖学校」とよばれ、

目の見えない生徒と耳が聞こえない生徒が一緒に学んでいました。

　ところが、豊治が入学する前の明治42（1909）年に聾唖学校と盲学校の２つの学校に分かれ、

聾唖学校は小西信八が、盲学校は町田則文が校長になって運営されました。

　木の香りがする真新しい校舎で、豊治の生活が始まります。授業では「マッサージ」を学び、

夜は流しで「あんま」をするといういそがしい毎日でした。学校の授業では、

「はり・マッサージ」を学問的に指導されていました。

　そうした生活のなか、豊治は友人も多くでき、みんなと夜おそくまで語りあったり、

議論したり……。みんなの意見をまとめて、先生に改革を迫ることもありました。

　もちろん、いつも先頭に立つのは豊治でした。とくに、

学校の塀をとびこえて食べ物を買いに出るなどの「やんちゃ」では、まちがいなく豊治が中心的存在でした。

　一方、思想的にしっかりした友人も多く、豊治の一生の友となる人たちには、

熊谷鉄太郎（のち盲人伝道者）、今関秀雄（のち東京盲学校校長）、斎藤武弥（のち桜雲会理事）、

一沢元などがいました。

- -

国立東京盲学校のキャンパスで、恩師やおおぜいの友人たちと出会う豊治。

豊治にとって、奥村三策先生と富岡兵吉先生の二人の師との出会いは、人生の宝となりました。

　奥村先生は『鍼按要論』『普通按摩鍼灸学』などの本を著した人で、
後任の富岡先生は、ドイツのマッサージの名人ベルツから直接学んできた人物でした。

　どういう手の形で、どこをどのくらいの圧で押せばいいのかといったマッサージの基礎理論を、
その二人の先生から直接教わることができた豊治は、とても幸運でした。

　また、富岡先生からは、日常生活における人としての姿勢も教わったのでした。

　富岡先生は学校にくると、決まって一人で黙々とはたきをかけて掃除をし、
床をみがいていたのです。その姿を見て、一人二人と掃除をする生徒が増えていきました。

　豊治も床みがきを一生懸命にやるようになりました。

盲学校の友人たちと議論しあう豊治。

25

豊治は師範科に入ってまもなく、骨髄炎にかかってしまい、休学しなければならなくなりました。鹿沼にもどって療養していましたが、2年後に復学。結局、国立東京盲学校師範科を卒業したときは、すでに26歳になっていました。

卒業後、豊治はそのまま東京で就職。浅草にあった「同愛盲学校」の教師となったのです。

教師、それも多くの優秀な人材を育ててきた盲学校の教師を自分がつとめられるだろうか。豊治は悩みました。それでも、悩むよりやるだけやってみようと、思い切ってやってみることにしました。

しかし、盲学校の教師は相当にたいへんでした。豊治がはじめて通った宇都宮の盲学校もそうでしたが、それに輪をかけて、そこには年齢も境遇もさまざまな盲人たちが集まっていました。各地を渡りあいてきた生徒も多くいて、なかなか御しがたい連中でした。それでも、そうした生徒たちは、昔の自分を見ているかのようでした。問題行動を起こす生徒は、まさに宇都宮盲学校時代の自分でした。

あるとき、彼が問題を起こし、先生たちが遠巻きに注意をしていました。それを見た豊治は、そこへ割って入り、その生徒にぴったりくっついて、先生たちの話を自分の言葉にして話したのです。

以後、豊治は、もう新米教師ではなくなっていました。

生徒たちに、ちゃんと帽子をかぶり、はかまをはいて登校すること、毎朝、掃除をすること、買い食いはやめることなど、生活指導を徹底的におこないました。

盲学校の教師として教壇に立つ豊治と、授業を受ける生徒たち。遅刻してくる生徒もいれば、やんちゃに見える生徒もいる。

　かつて自分がやっていた買い食いは、富岡先生の指導を受けた豊治としては、
生徒たちにやらせるわけにはいかなかったようです。
　それでも、言うことを聞かない生徒もいました。
　そういう生徒に対し、豊治はきびしく指導。その一方で、弁当を持ってこられない生徒には、
自分の弁当を食べさせたり、勉強がおくれている生徒を休みの日に家によんで、
わかるまでじっくり教えたり……。熱血教師でした。

学校で働きだして5年目。

熱血教師にも春がきました。

豊治は、佐藤すてという看護師の女性と結婚することになったのです。

すては、飛行機の操縦士になるのが夢というような、とても活発な女性です。

豊治がすてとはじめて知り合ったのは、同愛盲学校でした。すては、生徒としてマッサージを習いに来ていたのです。

その理由は、彼女が手術の手伝いをしていたときに、細菌が誤って目に入り、目を病んだことでした。目が悪くなったら、看護師の仕事ができない。幸い、すての目はすぐに治り、学校を去ります。

ところが、豊治はなんともいえない気持ちになったようです。それに気づいた仲間が突然、彼女といっしょになったらどうかと言い出したのです。

仲間は、すてにも働きかけていました。思い切って人を介して本人に聞いたところ、ことは、みんなが思う以上にとんとん拍子に進み、

「あの先生のところならいいです」

という返事で、たちまち結婚が決まったのです。

婚約期間、すては豊治の熱血教師ぶりにどんどん惹かれていきます。

豊治の家にもくるようになった一方、いつもだれかが出入りをしている豊治の家のようすに戸惑ったともいいます。

結婚してからも、そのようすはかわりません。

でも、豊治といっしょにがんばって勉強している生徒の姿を見ていると、すても自分のできることで応援したいと思うようになりました。

そのころの豊治は、自宅で実技の指導をすることもありました。

ダイコン、ニンジン、ナスなどの野菜に鍼を刺すなどして、鍼の持ち方、押手の仕方を指導。
また、座布団をつかって手技の指導を繰りかえしていました。
豊治は、自分の体を練習台とすることもしばしばありました。
　二人の生活は決してらくではありませんでしたが、苦しい生活のなかでもなんとかやりくりして、
やってくる生徒の食費までまかなっていました。
　豊治は、そのころよく、目の見えない者が自立するためには、鍼の技術を身につけることが大切だと、
事あるごとに生徒に話していました。
　それは、かつて豊治の母、トクが言っていたことでした。

豊治とすての結婚式。豊治の両親、すての両親、そして神父さんもいる。

　豊治とすてのあいだに長女が生まれたのは、学校に勤めて6年目。愛に包まれるようにと、聖書に出てくる
「ぶどうの木」のたとえから、実り豊かなぶどうの美しい枝という意味で、美枝子と名づけました。
　幸せの絶頂でした。そんなとき突然、豊治は学校を辞めざるを得なくなってしまいました。
　事情は、こうでした。豊治は、卒業試験の前に一人の生徒を家に連れてきて、いつものように勉強を見て
やっていたのです。ところが、そのことが、試験問題を教えたという疑いに発展してしまったのです。
　豊治は、「そんなことはしていない」と、何度も訴えましたが、
学校側も仲間の先生のなかにも信じてくれない人がいました。
　豊治は、自分のことを信じてくれないところには、もういられないと、辞表をたたきつけたのです。
　すては、「学校を辞めてきた」と帰ってきた豊治に、「そうですか」と言っただけで、
何も聞きませんでした。平静をよそおうことで、せいいっぱい豊治を支えようとしたのです。

- -

「鍼灸治療院」の看板をかかげた自宅の玄関。散歩に行くといって出かける豊治を、すてはやさしく見送る。

教師を辞めたあとの豊治は、熱血教師ぶりを発揮できないストレスからか、体調をこわしてしまいました。たくわえもしだいに少なくなり、内心ではこれからどうしようかと不安がよぎりはじめたときでした。豊治の〈勘〉、生きる力が、ぐぐっと頭をもたげました。ある朝、起きあがると、

「鍼の治療院を開業するぞ」と、すてに言いました。

「やってみましょう」と、すてはおうむ返しに言いました。まるで待ってましたと言わんばかりでした。

　〈勘〉のある豊治と看護師だったすては、早速「鍼の治療院はじまる！」といったチラシを2万枚印刷するなど、開業の準備にとりかかりました。

　すては朝晩、駅前に立ってチラシを配布。また、家いえを回って、チラシを配りました。

　ところが、それから1週間たっても、半月たっても、だれもくる気配はありませんでした。

　しだいに、豊治は夜になると、「散歩にいってくる」と言うようになっていました。

　もちろん、すてには、豊治が流しに出ていることはわかっていました。

「看護師の仕事をまたやりたい」とすてが言いました。

　それに対し、豊治は子どものころに神父さんに教えてもらった一説を唱えたのです。

「私を必要としている限り、神さまは見捨てない」

　まもなく二人は、治療にやってくる人をただ待つだけではなくなりました。

　かわりに具合の悪い人を治療するために、いろいろな場所に出向きはじめたのです。

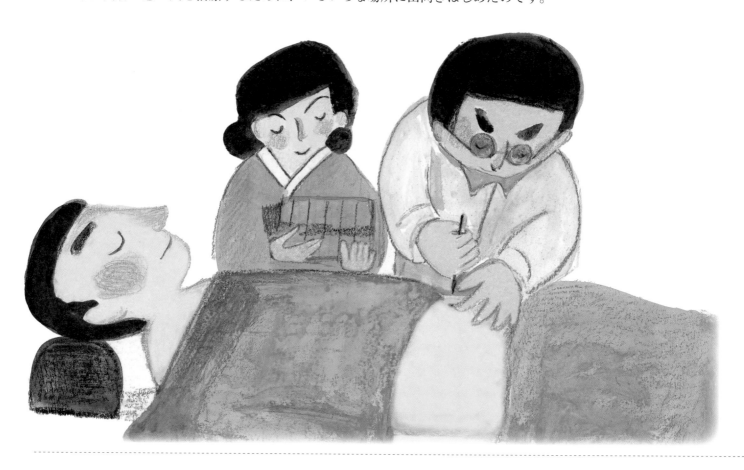

具合の悪い人に鍼をうつ豊治と、治療を手伝うすて。

　二人が出前治療院のようなことをしているうちに、なじみの患者さんも増え、
治療院にも一人、二人と患者がくるようになってきました。
　豊治は、毎朝起きるとすぐに治療室や廊下の床、トイレもしっかりみがきます。診療用のベッドには、
洗い立てのシーツをピーンとはります。富岡先生の教えです。
　患者が鍼を打たれる恐怖をなくすために、患者さんとの会話にも気をつかいました。
　さらに、いかに痛みを与えないで鍼を打つかの研究もおこたりません。
　こうした努力のかいもあり、豊治の治療院は評判が評判をよび、少しずつ患者の数も
増えていきました。腰痛など、医者にみせても治らない不調をかかえた人で待合室はいっぱいになりました。
　そこでは、看護師だったすての対応ぶりも好評でした。
　二人のあいだには、第二子も生まれ、亘と名づけられました。2年後には次男・昌巳が生まれました。

柱をみがくすて。長女といっしょに床をふく豊治。みんな、おだやかな顔つきで仕事にはげむ。

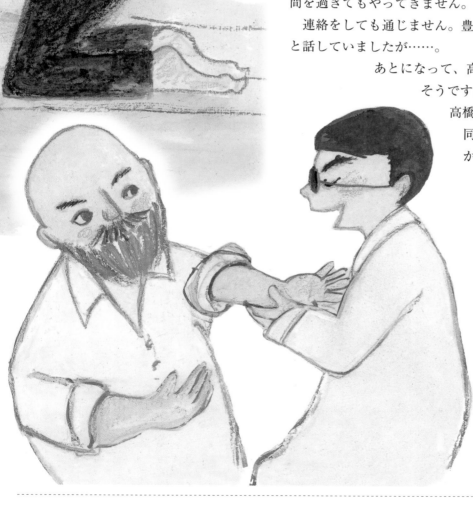

このころ、豊治の治療院には、元総理大臣の濱口雄幸、政財界で活躍した久原房之助など、各界で著名な人たちも治療にきていました。

一方、体が痛くて働けず、日々の生活に困るといった人も大勢やってきました。

そうしたなか、豊治はだれに対しても同じように接するのです。

ときの大臣に施術しながら、自分が正しいと思ったことは率直に話し、いやな顔をされることもありました。

じつは、これも患者の鍼に対する恐怖心をはらうための豊治のやり方だったのです。

昭和11（1936）年2月26日、常連客の高橋という名のお客さんが、だいぶ前から予約が入っていたにもかかわらず、時間を過ぎてもやってきません。

連絡をしても通じません。豊治とすては、どうしたものかと話していましたが……。

あとになって、高橋さんの死亡を知ったのです。そうです、二・二六事件で亡くなった高橋是清でした。

同年9月、豊治とすてが期待をかけていた長男、亘を病気で失くすという不幸がおきました。

亘は、豊治と同じくらいわんぱくで、頭がよい子でした。二人の心は、深い悲しみでいっぱいになりました。同時に、世の中の流れもしだいに暗くなるのでした。

豊治から治療を受ける高橋是清。高橋は、豊治の話を笑顔で聞いている。

昭和16（1941）年12月、太平洋戦争開戦。戦況が良かったのははじめのころだけ。昭和18（1943）年には、東京では強制疎開がおこなわれました。豊治の住んでいた家も治療院の建物も取りこわされたのです。

　なぜなら火災が発生した場合、延焼を防ぐために、あらかじめ建物をこわしておくという軍の方針が出されたからです。

　豊治たちは、長野に疎開することになりました。

　疎開先の村には、医者がいません。豊治を頼ってやってくる人がだんだん増えてきました。

　そうした患者はたいてい治療代として米や豆を持ってきました。あるとき、

「家のヤギが腰ぬけになったのだけれど、治してくれー」

　と言って、一人のお年寄りがきました。

　豊治は動物に鍼をしたことはなく、一旦は断りました。

　しかし、とても真剣に懇願されたので、その家にいき、横になっていたヤギの腰に鍼を打ったとたん、ヤギが立ち上がったのです。

　そんなことがあり、疎開先では、豊治はウサギや犬に鍼を打つことも時々ありました。

　胃がんのため食欲がなく、痛みで苦しんでいる人に毎日のように鍼を打ち、軽い食事がとれるまでに回復させたりもしました。

豊治の治療を受けて、ヤギも元気を回復。持ち主の喜びもひとしお。

34

　戦争が終わり、東京にもどると、もと住んでいた場所は、焼け野原。何もなくなっていました。
豊治とすては仮住まいをしながら、治療院を再建するための場所をさがしまわりました。
　そして、なんとか見つけた場所に毎日出かけ、自らの手で治療院を建てました。もちろん
多くの人が二人を手伝ってくれました。
　昭和22（1947）年、治療院再開。まもなく、うわさを聞きつけた人が、次から次へとやってきました。
　戦後の荒廃のなか、みんな体がボロボロだったのです。二人は、
そうした人たちのために、休みなく治療を続けました。
　ところがその年の９月、視覚障害者鍼灸医をゆるがすできごとがありました。日本を占領した
GHQ（連合国軍最高司令官総司令部）が、鍼灸医の禁止命令を発令したのです。
　理由は、「鍼灸治療は非衛生的な行為である」でした。

- -

豊治とすてが戻ってきた東京のまちは、空襲で焼け野原となっている。呆然とする二人。

　GHQの命令に対し、鍼灸や盲学校に関わっていた人たちが猛反発。全国から多くの人が東京に集まってきました。みんなで、皇居前広場でデモ。鍼灸治療の継続を訴えました。

　豊治の治療院兼自宅には多くの人が来ていました。

　豊治とすては、そうした人たちの世話役、かつ、反対運動の中心人物として、陳情書を書いたり、デモを計画したりと、たいへんな日々が続きました。

　そうして、およそ3か月かかりましたが、とうとう訴えが認められ、鍼灸治療は廃止を免れたのです。

　この運動は、大きな副産物も生みだしました。全国の視覚障害者の結束が強まったのです。

　その結果、「日本盲人会連合」「日本鍼灸按マッサージ師会連盟」が誕生。また、視覚障害者の自立をめざす団体が、その後いくつも誕生していきます。

　豊治は日本盲人会連合の副会長、理事を歴任しました。

　また、東京盲学校を卒業すると同時に理事となっていた「桜雲会」にも積極的に関わりました。

　もとより、「桜雲会」は明治25（1892）年、盲生徒の自立を手助けするためにつくられた会。当時は目の見えない人が使える教科書や本がほとんどありませんでした。そこで、「桜雲会」は出版事業をおこし、亜鉛版に点字を打ち、一枚一枚印刷して本をつくっていました。また、本を買うことのできない生徒のために、貸し出しもしていました。さらに、文房具やパンの販売などもおこなっていました。

　こうした活動を続けていた桜雲会は、昭和30年代の終わりころになると、「もう閉じたほうがいい」「いや続けたほうがいい」と、理事たちのあいだで盛んに議論されるようになったのです。

　その理由は、東京盲学校が老朽化し、改築計画にともなって移転を余儀なくされたことに端を発し、その建物内にあった桜雲会も存在場所がなくなる可能性が出たことで、さまざまな問題が噴出したのです。

　立ち退きの期限が迫り、最後の集会が開かれました。

- -

鍼灸治療の継続を訴えてデモをおこなう人びと。参加者は、男性、女性、年齢もさまざま。

　集会がおこなわれている最中、豊治は、昭和39（1964）年にニューヨークで開かれた世界福祉盲人大会に
出席するためアメリカ、ヨーロッパ、アフリカ、中東を2か月かけて回ったことを思い出していたのです。
　イタリアでは、幸運にもローマ教皇パウロ六世に謁見し、日本の視覚障害者のこと、
豊治たちの活動などを話しました。緊張して頬をこわばらせていた自分に法王が笑顔で手を取って、
理解を示してくれたことも思い出されます。
　ほかにも、
- 各国の施設で生活する視覚障害者は、低賃金で働いていること
- ヨーロッパ各国にいる路上でくらさなければならないような視覚障害者と比べると、
　日本の視覚障害者は、まだ恵まれた環境にあること
- その理由は、日本では、杉山検校をはじめ多くの先輩が鍼・灸・マッサージを視覚障害者の業として
　残してくれたおかげであること
　こうしたことを考えていた豊治は、集会で「桜雲会を未来に引き継いでいきたい」と、
自分が存続を引き受けると発言したのです。

豊治がまわった世界各地をあらわす地図と、ローマ教皇パウロ六世に謁見する豊治のようす。

昭和40（1965）年、豊治は自宅を改造して、桜雲会の事務所をつくりました。

　以前の桜雲会から持ってきたものは、こわれた製版機、印刷機、紙折り機が１台ずつ、
それに『呉内科』などの本の原版だけでした。

　豊治は私財を投じて再建に乗りだし、昭和43（1968）年には、
『鍼灸の世界「豊桜」』を点字と墨字の両方で創刊しました。

　当初は、鍼灸院の収入をつぎこんで桜雲会の運営をおこなっていましたが、
それだけではまかなえません。桜雲会を続けていくには、どうしてもお金がたりません。

　会の閉鎖を考えたことが、何度もあったといいます。そうした生活のなかで、
豊治がはじめた習慣がありました。毎朝の水浴びです。健康と清潔を保つだけでなく、
「視覚障害者の自立」という大きな目標のため、
冷水をかぶったり、冷水摩擦をしたりして自分を奮い立たせる毎日でした。

　妻のすても、また、もう38歳になった次男の昌巳も、
豊治の思いを、かげにおもてに支えつづけていました。

　両親の苦労を見て育ってきた彼は、豊治の力強い応援者になっていたのです。

　豊治が79歳になった昭和48（1973）年、『医心方』という、視覚障害者の鍼灸師にとって
とても大切な本が復刻されました。

　この本は、984（永観２）年に丹波康頼によって完成され、
古医学センター理事長の太田典礼が復刻したものです。

　豊治は、「現代語訳をし、点字にして視覚障害者に役立てたい」と、強く願いました。

　結果、10年はかかるといわれた点訳作業を、豊治と同じ願いをもつ人たちに協力を依頼するなどして、
２年あまりで完成させました。

　完成した点訳『医心方』を、豊治は病院のベッドの上で手にとることができたのです。

　豊治は、昭和51（1976）年２月に亡くなりました。82歳でした。
「おいしい食事をすることより、貧しくても、患者から報酬をもらわなくとも、人から頼られる人、
すなわち人に愛される人に、人から喜んでもらえる人、すなわち人のためになる人になりなさい」。

　これが豊治の残した言葉でした。

　３歳のときに目が見えなくなり、キリスト教に入信。立ちはだかる壁に突きあたるたびに、
キリスト教の教えと〈勘〉で人生を切り開いてきた豊治の最期の大仕事は、
現代語点訳『医心方』の完成でした。

　残念ながら、晩年、冷水摩擦をしながら豊治があたためてきたもう一つの夢は、
存命中は実現されませんでした。それは、視覚障害者のための大学の創設。

　昭和62（1987）年、国立筑波技術短期大学（筑波技術大学）が誕生しました。
かれの意を継ぐ人たちによって、豊治のもう一つの夢が実現されたのです。

　その大学の鍼灸学科初代教授には、豊治の息子、昌巳の顔がありました。

にこやかな晩年の豊治の顔を中心に、さまざまな思い出や業績が描かれている

読者のみなさまへ

　本書は、今から127年前、栃木県の鹿沼で生まれ、視覚障害のある男性「高橋豊治」先生の一生をもとに作られた絵本です。高橋先生は、幾多の困難にも負けずに、東京盲学校同窓会から視覚障害者のための情報提供施設「桜雲会」を引き継ぎ、みごとに再建したのです。

　高橋先生は、3歳で麻疹にかかり失明してしまいました。当時は治療法が全くなかったのでした。両親の支えがあって成長していくのですが、小学校への入学もままならず、教会の神父さんに読み書きを教えてもらいました。少年時代から人一倍負けず嫌いの性格でしたが、暗さは微塵も見せずに毎日外で活発に遊び、いたずらの計画をするのも上手でした。その後、宇都宮の盲学校へ入り点字を学び、一人で生きる力も得ました。盲学校で学ぶなかで向上心が芽生え、東京行きを決行しました。紆余曲折もありましたが、当時の鍼灸界の最高峰である東京盲学校師範科を優秀な成績で卒業し、教員への道そして鍼灸開業へと歩まれました。

　後年、鍼灸師として「ハリの達人」といわれるまでの臨床家になり、多くの著名人が鍼治療に訪れました。良き伴侶・子供に恵まれ、陰ながら支えてもらえたのも生きがいとなりました。一方で、視覚障害者の職業自立を実践し、鍼灸師の社会的地位の向上への足掛かりをつけた人でした。

　「桜雲会」の設立により、多くの点字出版物を提供し、視覚障害のある人への読書の機会を増やしたばかりではなく、共生社会の事業所の実現もされたのでした。本文最後の頁に「おいしい食事をすることより、貧しくても……人のためになる人になりなさい」との本人の言葉にすべてが集約されています。その生き方は、海外で謁見したローマ教皇パウロ六世も理解を示されました。

　絵本の作成は、孫娘の1人が絵、もう1人が取材・原案を担当し、幼き頃の記憶をもとに、おじいさまの一生をうまく表現してもらいました。文はタケシタナカ氏の巧みな文体により、主人公の生き様を如実に伝えてくれました。

　本書の発行にあたり、小学館、一般財団法人日本児童教育振興財団より、ご支援を賜わりましたことに厚く御礼申し上げます。また、この絵本が桜雲会創立130周年を迎えるにあたり完成したことに、当会を代表して深く感謝申し上げます。

2021年12月
社会福祉法人桜雲会　理事長　一幡良利

文／タケシタナカ

1953年東京都生まれ。本名、稲葉茂勝。編集者としてこれまで1420冊以上の作品を手がけ、自著は100冊以上。近年は子どもジャーナリスト（Journalist for children）として執筆活動を強化。また本名で、大人の絵本を発表し続けている。

絵／タカハシコウコ
取材・原案・年表制作／高橋知子

『手で見る学習絵本　テルミ』（日本児童教育振興財団）の編集にたずさわり、主に視覚に障害をもつ子どもを対象とした絵本の企画・編集・制作をしている。おもな出版物は、てんじ手づくり絵本『かいてみよう　かんじ1〜7』（社会福祉法人桜雲会）、『調べる学習百科ルイ・ブライユと点字をつくった人びと』（岩崎書店）など。

監修／社会福祉法人　桜雲会

1892年、東京盲啞学校（現在の筑波大学附属視覚特別支援学校）の生徒の同窓会として発足。1930年に最初の鍼按科教科書を出版。以後、医学専門書を中心に点字図書や録音図書、拡大図書の製作・販売をおこなう。

編集・デザイン・DTP制作／
　株式会社 今人舎（二宮祐子／高橋博美）

おもな参考資料

・『盲人の父：イオアン高橋豊治と共に』（高橋昌巳・編集　桜雲会　1977）
・『盲人の自立をめざして　高橋豊治とその妻すての生涯』（高橋昌巳・著　桜雲会　2015）
・『鹿沼市史叢書10 鹿沼の絵図・地図』（鹿沼市史編さん委員会　2005）

この図書は、一般財団法人日本児童教育振興財団の助成により制作いたしました。

見えない壁をこえて　——視覚障害者の自立を目ざした高橋豊治の物語

2022年2月15日 初版発行　　　　　　　　　　　　　　　　　　　NDC289

文	タケシタナカ
絵	タカハシコウコ
発行者	一幡良利
発行所	社会福祉法人桜雲会
	〒169−0075 東京都新宿区高田馬場4−11−14−102
	電話　03−5337−7866
	http://ounkai.jp
印刷・製本	瞬報社写真印刷株式会社

©Takeshitanaka, Koko Takahashi 2021, Printed in Japan, Published by Ounkai
ISBN978-4-904611-82-1 C0723

40P 210×260mm

高橋豊治の年表

西暦（和暦）	年齢	おもなできごと
1894（明治27）	0歳	12月5日、栃木県上都賀郡鹿沼町大鹿沼に生まれる
1898（明治31）	3歳	麻疹にて両眼失明
1903（明治36）	8歳	鍼灸術及び点字の読み書きを修得
1906（明治39）	11歳	栃木県宇都宮盲学校に入学
1910（明治43）	15歳	同校中途退学、上京。国立東京盲学校普通科入学
1917（大正6）	22歳	同校卒業
1918（大正7）	23歳	国立東京盲学校技芸科・鍼按科を卒業
1920（大正9）	26歳	国立東京盲学校師範科卒業。同愛盲学校に奉職。東京盲学校同窓会（桜雲会）理事に就任
1925（大正14）	31歳	佐藤すてと結婚。東京府豊多摩郡戸塚町（現・新宿区高田馬場）に新居を構える
1926（大正15）	32歳	盲人保持協会理事。盲人参政権・点字投票の公認。盲人の社会的地位向上に努力した。長女美枝子生まれる
1928（昭和3）	34歳	長男亘生まれる。同愛盲学校退職。高田馬場にて鍼灸治療院を開院
1930（昭和5）	36歳	次男昌巳生まれる
1931（昭和6）	37歳	社団法人桜雲会設立にあたり、その功により賞を受ける
1936（昭和11）	42歳	長男亘死去
1943（昭和18）	49歳	強制疎開により長野県北佐久郡小諸町に疎開。同所にて鍼灸治療院を開院
1947（昭和22）	53歳	鍼灸治療院を再開。桜雲会再建。GHQの命令による鍼灸治療の禁止の申出に反対し皇居前広場で盲人会を開催、その先頭になって活動した
1955（昭和30）	61歳	ヘレンケラー女史歓迎
1964（昭和39）	70歳	ニューヨークで開催された大会に日本盲人の代表として出席。エジプト、インドを含め欧米各国を訪問、ローマ教皇パウロ六世に謁見
1965（昭和40）	71歳	解散状態にあった桜雲会を自宅に引きとり再建。自宅を改築し、点字製版を始める
1968（昭和43）	74歳	盲人再教育のための三療誌として『鍼灸の世界 豊桜』発刊（桜雲会）
1971（昭和46）	77歳	獣医師紫葉会のメンバーの協力をえて、犬のハリ麻酔実験に成功。毎日グラフに掲載
1972（昭和47）	78歳	日本正教会巡礼団に参加。ハバロフスク、モスクワ、ザゴルスク、プスコフ、レニングラード、キエフの各地を訪問。また、ソ連盲人協会を訪問。盲人生活の実態を視察
1975（昭和50）	81歳	政府より勲四等瑞宝章を受ける
1976（昭和51）	82歳	聖マリアンナ医科大学病院で亡くなる。ニコライ堂にて本葬。政府より従五位の叙位が贈られる